AF339330

LE
TESTAMENT POLITIQUE

D'UN

ANCIEN LÉGITIMISTE

PARIS

E. DENTU, ÉDITEUR

LIBRAIRIE DE LA SOCIÉTÉ DES GENS DE LETTRES

PLACE VALOIS (PALAIS ROYAL)

1889

Tous droits réservés.

LE
TESTAMENT POLITIQUE

D'UN

ANCIEN LÉGITIMISTE

PARIS

IMPRIMERIE D. DUMOULIN ET Cie

Rue des Grands-Augustins, 5.

LE
TESTAMENT POLITIQUE

D'UN

ANCIEN LÉGITIMISTE

PARIS

E. DENTU, ÉDITEUR

LIBRAIRIE DE LA SOCIÉTÉ DES GENS DE LETTRES

PLACE VALOIS (PALAIS ROYAL)

1889

Tous droits réservés.

LE
TESTAMENT POLITIQUE

D'UN

ANCIEN LÉGITIMISTE

Bossuet a résumé en ces termes les avantages de la monarchie : « C'est aussi, dit-il, le gouvernement monarchique le plus opposé à la division, qui est le mal le plus essentiel des États et la cause la plus certaine de leur ruine......

« Le gouvernement est le meilleur qui est le plus éloigné de l'anarchie. A une chose aussi nécessaire que le gouvernement parmi les hommes, il faut donner les principes les plus aisés et l'ordre qui roule le mieux tout seul. »

Nous ne voulons pas répéter ici ce que nous avons dit ailleurs, et montrer ce que sont devenus en France, depuis la chute de la monarchie légitime, la religion, le principe d'autorité dans l'État et dans la famille, le patriotisme et l'honneur.

Mais il nous paraît utile de constater une fois de plus, et surtout dans le moment présent, combien les caractères et les effets du régime monarchique diffèrent de ceux du régime démocratique, où les

secousses et les catastrophes sont si fréquentes, et
où le pouvoir est livré comme une proie à tous les
ambitieux.

C'est ce que nous avons vu dans notre pays depuis
1789, c'est-à-dire depuis la Révolution qui « avait
déclaré la guerre intérieure au roi de France et la
guerre extérieure aux rois de l'Europe[1] ».

Et non seulement cette Révolution, qui dure encore, nous a ainsi créé des ennemis naturels dans
toutes les monarchies, mais elle a enfanté parmi
nous la guerre sociale.

Tocqueville le prévoyait lorsqu'il écrivait : « Pense-
t-on qu'après avoir détruit la féodalité et vaincu les
rois, la démocratie reculera devant les bourgeois
et les riches?

« S'arrêtera-t-elle, maintenant qu'elle est deve-
nue si forte et ses adversaires si faibles? »

Quelle barrière pourrait-on mettre, en effet, à la
puissance de la démocratie et aux excès d'une aveu-
gle démagogie?

Notre démocratie n'a qu'une passion véritable,
celle d'une égalité dans laquelle on découvre faci-
lement l'envie et la haine; elle n'a qu'un culte,
celui de la matière, et elle en est arrivée au dernier degré de l'impiété, qui est le mépris de tout
ce qui est grand et saint.

1. Cormenin.

Voilà le progrès moderne! il est vanté, glorifié en tous lieux, et comment le peuple n'y croirait-il pas lorsqu'il rencontre des flatteurs, des corrupteurs, qui l'amusent et le séduisent par les spectacles et les plaisirs les plus grossiers?

Ceux-ci sont ainsi arrivés, même après des désastres sans nom, à faire perdre à la multitude le souvenir de tous ces crimes abominables qui ont ensanglanté nos cités et épouvanté le monde.

De là l'indulgence pour le crime, qui est un des signes les plus certains de la faiblesse morale d'une nation, et cette indulgence a été parmi nous une des conséquences de nos révolutions.

Et en introduisant en France les mœurs démocratiques, elles devaient aussi amener la décadence du goût et du génie.

« Il y a eu dans notre âge, à quelques exceptions près, observait déjà Chateaubriand, une sorte d'avortement général des talents.

« On dirait même, ajoute-t-il, que l'impiété, qui rend tout stérile, se manifeste aussi par l'appauvrissement de la nature physique......

« Où sont ces hommes aux figures calmes et majestueuses? On les cherche et on ne les trouve plus. De petits hommes inconnus se promènent, comme des pygmées, sous les hauts portiques des monuments d'un autre âge. Sur leur front dur respirent l'égoïsme et le mépris de Dieu : ils ont perdu et la noblesse de l'habit et la pureté du langage ; on les prendrait, non pour les fils, mais pour les baladins de la grande race qui les a précédés. »

N'y a-t-il pas là une peinture fidèle de notre démocratie, et la France de nos jours n'est-elle pas remplie de ces baladins de la grande race ?

Nos pères ne connaissaient pas non plus ce triste affaiblissement de la nature physique, qui fait que « la famille française perd par degrés toujours croissants sa force reproductrice, et que nous descendons sur la pente où descendit la puissance romaine[1] ».

Et il n'y a pas à s'en étonner, s'il est vrai que « l'incontinence publique suit toujours le luxe, et que la débauche nuit à la propagation[2] ».

La corruption des esprits, dans notre pays, n'a été d'ailleurs qu'une conséquence de la corruption des mœurs et du débordement des plus mauvais écrits.

Et si le peuple n'y est plus ce qu'il était autrefois, il ne faut pas oublier qu'il a été malheureusement dirigé, après la révolution de 1830, par les classes moyennes, aussi impuissantes que vaniteuses, et qui ont cru qu'on pouvait remplacer l'éducation par les richesses, et que ces richesses étaient tout.

1. Le baron Charles Dupin. — 2. Montesquieu.

Incrédules, frondeuses, riant et se moquant des institutions les plus vénérables, elles ont donné aux classes populaires le funeste exemple de l'indifférence en matière politique et religieuse.

Ne se sont-elles pas empressées d'offrir leurs services aux vainqueurs de 1830, comme à ceux de 1848, et n'ont-elles pas tremblé devant les hommes du 4 Septembre?

Et dernièrement, ces mêmes classes moyennes n'encombraient-elles pas les antichambres d'un heureux dictateur de la démocratie, véritable héros de carrefour, et n'ont-elles pas mis leur servile dévouement à ses pieds?

Si du moins, après avoir ainsi enlevé du cœur du peuple l'amour de Dieu et du prince, elles lui avaient inspiré le respect des lois!

« On perd la vénération pour les lois, enseigne Bossuet, quand on les voit si souvent changer. C'est alors que les nations semblent chanceler, comme troublées et prises de vin, ainsi que parlent les prophètes. L'esprit de vertige les possède et leur chute est inévitable. Parce que les peuples ont violé les lois, changé le droit public et rompu les pactes les plus solennels. C'est l'état d'un malade inquiet qui ne sait quel mouvement se donner. »

C'est l'état de la France moderne, où ses législateurs ont « souvent aboli sans nécessité les lois qu'ils ont trouvées établies ; c'est-à-dire qu'ils ont jeté la nation dans les désordres inséparables des changements[1] ».

Et comment veut-on que le peuple respecte l'œuvre de ces faiseurs de lois dont la folle intempérance crée chaque jour, au gré de leurs fantaisies, des inventions puériles ou des entreprises contre les fondements mêmes de tout ordre social?

Tout cela ne se rencontre que dans une République où le sentiment du droit a disparu avec les croyances, et qui ne se maintient que par la force.

Il faudrait être aveuglé par l'esprit de parti pour ne pas reconnaître que l'ancien régime avait ses vices, et que les hautes classes ont donné souvent l'exemple de grands désordres, qui ont été une des causes de la Révolution.

Elles ont surtout étalé un luxe capable de corrompre les mœurs et de détruire les maximes de l'honnêteté publique.

Mais nous insistons sur ce point : l'ancienne société française avait au moins conservé l'horreur du crime, et l'on n'y connaissait pas cette lâcheté qui, de nos jours, porte à atténuer les plus grands forfaits.

Ceux de la Révolution ont comme endurci les cœurs ; les parricides eux-mêmes trouvent des juges

1. Montesquieu.

indulgents, et les voix qui devraient les flétrir restent comme frappées d'impuissance.

Lorsqu'on a vu ces choses, cette diminution du sens moral, on a pu dire que les notions du juste et de l'injuste sont altérées, non seulement dans l'esprit de la multitude, mais encore dans celui des classes supérieures.

Nous sommes si faibles que nous ne pouvons plus entendre la vérité et que nous lui préférons la flatterie, c'est-à-dire le mensonge.

Qui donc oserait parler aujourd'hui comme le faisaient autrefois Bossuet, Fléchier, Massillon, en présence du roi, de la cour et du parlement, des magistrats ambitieux, agioteurs et débauchés, corrompus, artificieux et complaisants, des juges ignorants et méchants[1] ?

Il est vrai que ces orateurs de génie pouvaient consoler leur auditoire par la peinture du noble caractère et de la vie vertueuse d'un Michel Le Tellier, d'un Lamoignon.

Les mœurs de la démocratie française n'ont encore formé ni un grand patriote, ni un grand magistrat.

L'habileté et l'audace ont remplacé l'honnêteté, la simplicité et l'honneur ; elles sont les deux meilleurs moyens de parvenir dans le temps présent, où l'on

---

1. *Oraisons funèbres* et *Sermons, passim.*

ne recherche que la jouissance et où l’on ne croit réellement qu’à la puissance de l’or.

« Enrichissez-vous ! » s’écriait déjà, sous *la meilleure des républiques*, un de ces hommes dont l’école a desséché les âmes.

« Ils ont si bien fait, a écrit Timon, qu’il n’y a plus parmi nous de probité politique, que nous n’avons plus la moindre croyance en rien ni sur rien, et je ne pense pas calomnier mon pays en disant que, grâce à ces messieurs, le peuple officiel de France est aujourd’hui le plus mou, le plus plat, le plus servile et le plus corrompu de l’Europe[1]. »

Et comment ne pas prévoir, avec cette douleur du patriotisme qui remplissait le cœur de Tocqueville, la dégradation de la nation, lorsque des bourgeois timides n’ont à opposer que leur hypocrisie, leur égoïsme et leur lâcheté, à ces instincts sauvages du peuple qui tendent à prévaloir sur les lois et la civilisation ?

Quelle force pourra vaincre les mauvaises passions ameutées contre Dieu lui-même ?

Si la monarchie ne devait jamais être rétablie, croit-on sérieusement que la République soit capable de restaurer les principes conservateurs de toute société, et de remplacer la majesté du trône par celle des lois ?

1. *Livre des orateurs*, 1843.

On a écrit que la République était la forme de gouvernement la mieux appropriée à notre état social, la seule qui puisse fermer l'ère des révolutions et restituer à notre pays, avec l'ordre, la paix et la liberté, sa prospérité et sa grandeur.

Le président Grant allait plus loin, lorsqu'il disait dans son message du 4 mars 1873 :

« J'ai la ferme conviction que le monde civilisé tend vers la République.

« Notre grande République est destinée à devenir l'étoile qui guidera les autres. »

Ce sont là des rêves, et lorsqu'on descend des nuages sur cette terre de France, qui a été labourée par tant de révolutions, il faut bien avouer que le régime républicain y a développé, chaque fois qu'il nous a été infligé, la brutalité des passions et l'ardeur des convoitises.

N'avons-nous pas eu à souffrir, à chaque avènement de la République, le mal le plus cruel qui puisse affliger une nation, la guerre civile ?

Il y a dans l'histoire de la Révolution française des pages lugubres qu'on chercherait vainement ailleurs.

Quatre fois, depuis 1789, et à la suite du renversement de la monarchie, nous avons vu les commencements de la décomposition sociale, de ces temps d'anarchie, de sang et d'infirmités prédits par Chateaubriand.

Les républicains les plus modérés, les plus sages et les plus honnêtes, se sont en vain efforcés de nous épargner des crimes qui sont la honte de l'humanité.

Et, d'un autre côté, comment ne pas comprendre que la République française soit condamnée, par tout son passé, à vivre seule, isolée au milieu de l'Europe, où elle ne saurait exercer aucune influence, parce qu'elle n'y a pas d'alliés?

Ses principes sont considérés comme un danger, comme une menace pour les monarchies qui nous entourent, et il n'y a pas un souverain, grand ou petit, qui puisse lui tendre une main amie.

Or, un État ne peut pas vivre et durer sans alliances; elles ne lui sont pas seulement nécessaires lorsqu'il a à défendre ses intérêts ou son honneur, mais encore pour conserver l'intégrité de son territoire.

Une France sans alliés sera toujours à la merci de ses ennemis.

Ces considérations n'arrêteront pas nos démagogues, et nous les entendons crier : *Périsse la France plutôt que la Commune !*

Véritables *patricides,* ils veulent arriver, même par le fer et par le feu, prendre à leur tour part à la curée, et chasser devant eux les prétendus démocrates qui, depuis le 4 septembre 1870, exploitent à leur profit le gouvernement du pays auquel ils ont imposé leur République.

Et notre malheureuse patrie périra, en effet, si Dieu n'a pas pitié d'elle, et ne suscite pas un libérateur qui la tirera de l'abîme où elle est tombée et guérira ses plaies.

Il n'est plus, celui qui était notre espérance, le Prince admirable qui, par l'élévation du caractère, la noblesse de l'âme et ses hautes vertus, a laissé un tel renom, que le Sénat a entendu naguère, avec une attention respectueuse, ces paroles prononcées par un républicain :

« Les convictions du comte de Chambord étaient d'un grand cœur, a dit M. Jules Simon, et cet homme, qui n'a pas régné, qui n'a pas gouverné, qui est resté toute sa vie en exil, n'en est pas moins un des grands noms et un des grands honneurs de l'histoire de notre pays. »

Le dernier roi de France est resté fidèle aux traditions, au glorieux drapeau de ses ancêtres, et sa volonté de restaurer la monarchie chrétienne parmi nous a été malheureusement paralysée par de coupables intrigues.

Des parlementaires égoïstes et vains, des politiques sans foi ni loi, s'imaginaient, *en mêlant le faux au vrai*, pouvoir relever le trône à leur profit, et avec l'espoir de dominer le souverain et de le tenir en tutelle.

Henri V voulait gouverner, pour ne pas être méprisé, assurer avec énergie le règne de la loi, et n'aurait pas craint d'employer la force au service de l'ordre et de la justice.

« Je suis le pilote nécessaire, écrivait-il de Salzbourg, le 27 octobre 1873, le seul capable de conduire le navire au port, parce que j'ai mission et autorité pour cela. »

Les libéraux ne pouvaient pas comprendre ce langage d'un petit-fils de saint Louis, et ils n'avaient qu'une pensée, celle de faire du comte de Chambord le roi légitime de la Révolution.

Et voilà pourquoi le Prince que nous avons aimé et servi n'a pas accepté la couronne qui lui était offerte par des mains indignes, et est mort en exil.

Le Roi est mort, et nous n'aurons pas le bonheur de pouvoir jeter le cri joyeux de : Vive le Roi!

Et qui pourrait s'en étonner ?

Louis-Philippe était *mitoyen à la monarchie et à la révolution,* a écrit Victor Hugo qui le connaissait bien.

Le duc d'Orléans disait, dans son testament du 9 avril 1840 :

« Il faut que le comte de Paris soit, avant tout,

un homme de son temps et de la nation; qu'il soit catholique et serviteur passionné, exclusif, de la France et de la Révolution. »

Le duc d'Aumale, l'enfant gâté de nos académies, qui l'encensent, en 1889, comme leur veau d'or, ce pur descendant de Philippe-Égalité, écrivait à ses électeurs :

« Rien, dans les traditions de ma famille, ne me sépare de la République. »

Enfin, le comte de Paris, qui parle, écrit et agit comme un prétendant, adresse aujourd'hui de fréquentes réclames au pays, réclames remplies d'idées empruntées à l'Empire, à la République, au socialisme, et où il nous prêche le renouvellement du pacte national par le suffrage universel direct, par le vote populaire, c'est-à-dire par un véritable plébiscite qu'une assemblée constituante n'aurait plus qu'à enregistrer.

Ce serait la pire des républiques, et nous ne nous rallierons jamais à ces princes de la Révolution que les peuples voisins connaissent et ne nous envient pas.

Et en présence du désordre politique dont les d'Orléans ont été parmi nous les principaux auteurs, nous les assurons avec douleur, mais avec une profonde conviction, que les lis ne refleuriront plus, et que la monarchie des Bourbons, ensevelie, par les fautes de leur famille, dans les caveaux de Saint-Denis et de Goritz, ne ressuscitera pas.

Que deviendrons-nous ?

Nous vivons dans un temps où nous voyons, ce qui est une marque de décadence, le progrès matériel augmenter et l'ordre social profondément ébranlé.

Et nous avons toujours à redouter les deux plus grands fléaux qui puissent désoler les nations : la guerre civile et la guerre étrangère.

Nos dernières paroles seront celles que Berryer mourant adressait à son roi : « Que Dieu protège et sauve la France ! »

Paris, 9 avril 1889.

IMPRIMERIE D. DUMOULIN ET Cie

Rue des Grands-Augustins, 5, à Paris.

www.ingramcontent.com/pod-product-compliance
Lightning Source LLC
LaVergne TN
LVHW050345030726
842520LV00005B/1989